ကမ္ဘာကြီး ပူနွေးလာမှု –
မြန်မာနိုင်ငံအပေါ် သက်ရောက်မှု

ကိုယ်တိုင်ရေးသားသရုပ်ဖော်သည် – အေးမြင့်မြတ်ခိုင်

Library For All Ltd.

ကမ္ဘာကြီးက ပူနွေးနေတဲ့ စောင်တစ်ထည်ကို ခြုံထားတယ်လို့ မြင်ယောင် ကြည့်လိုက်ပါ။ ဒီစောင်ကို ကမ္ဘာပေါ်မှာ လူသားတွေ၊ သက်ရှိတွေ အားလုံး အသက်ရှင် နေထိုင်စေလို့ရအောင် လုပ်ပေးတဲ့ အထူး ဓာတ်ငွေ့များဖြင့် ပြုလုပ်ထားပါတယ်။ ဆောင်းရာသီမှာ ဝတ်တဲ့ အနွေးထည် နွေးနွေးလေး တစ်ထည်လိုပေါ့။

J

ဒါပေမယ့် အချိန်ကြာလာတာနဲ့အမျှ
လူတွေက ကမ္ဘာကြီးကို စောင်တွေ
အထပ်ထပ် ပိုခြုံပေးကြတယ်။ ဒီစောင်
အထပ်ထပ်ကို ကားတွေ၊ စက်ရုံတွေက
ထွက်လာတဲ့ ဓာတ်ငွေ့တွေနဲ့ ပြုလုပ်ထား
ပါတယ်။

အိပ်ရာပေါ်မှာ စောင်တွေ အများကြီး
ခြုံထားသလိုပါပဲ။ အရမ်းပူအိုက် လာမှာပေါ့။
ကမ္ဘာမြေကြီးလည်း ဒီလိုပဲ ခံစားရတယ်။

၆

ဒါကို ကမ္ဘာကြီး ပူနွေးလာမှုလို့
ခေါ်ပါတယ်။ ကမ္ဘာကြီးက ရှိသင့်တဲ့
အပူချိန်ထက် ပိုပြီးပူနွေးလာတာကို
ဆိုလိုပါတယ်။

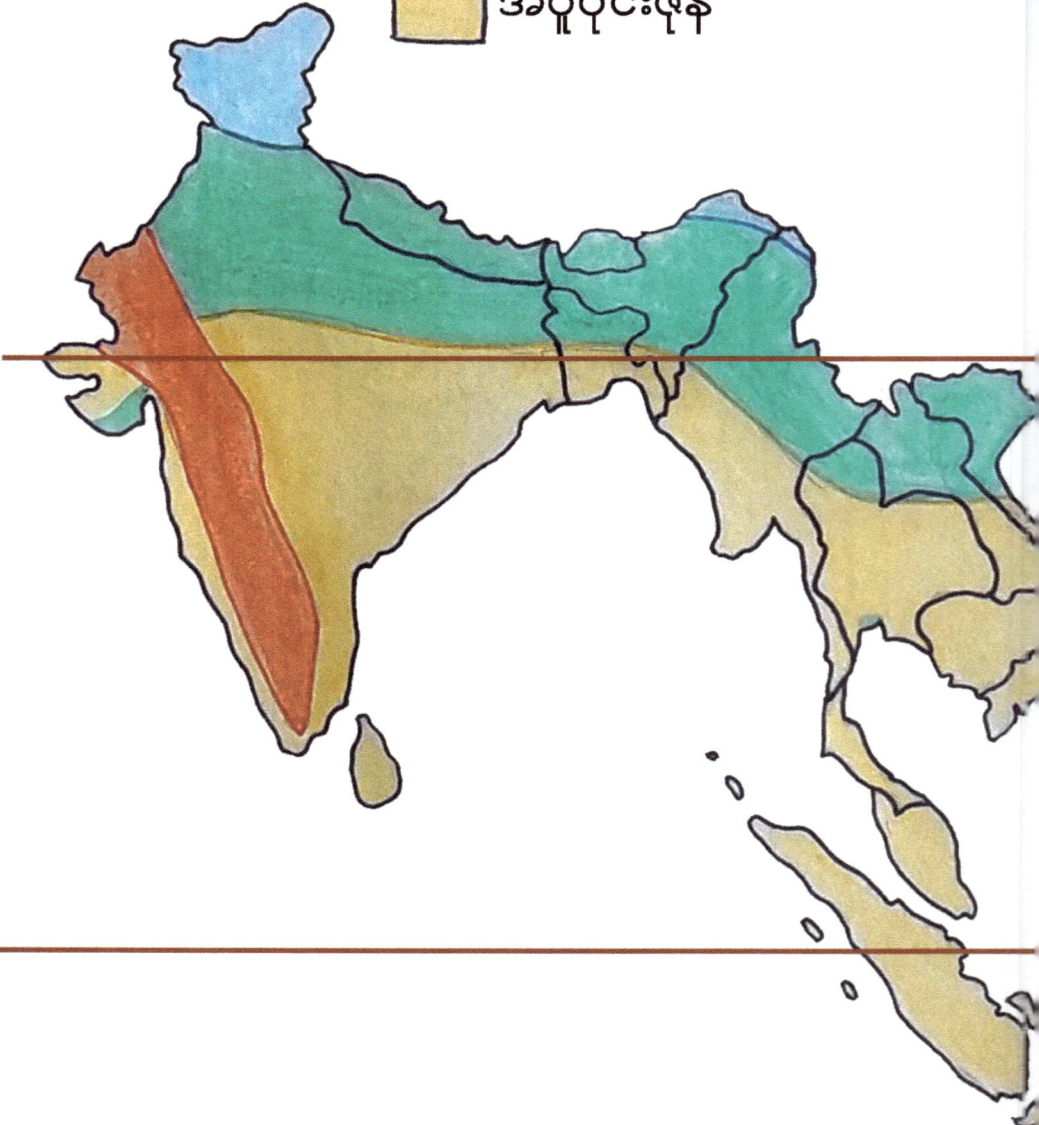

အအေးဇုန်
သမပိုင်းဇုန်
ခြောက်သွေ့./ကန္တာရဇုန်
အပူပိုင်းဇုန်

မြန်မာနိုင်ငံက အပူပိုင်းဒေသအတွင်းမှာ ကျရောက်ပါတယ်။ ကမ္ဘာကြီး ပူနွေးလာမှုကြောင့် အပြောင်းအလဲ အချို့ကို သတိပြုမိပါသလား။ မနှစ်က နေ့ရာသီထက် ဒီနှစ် နေ့ရာသီက ပိုပူလာတယ်လို့ ခံစားရလား။

အီကွေတာ

တချို့ နေရာတွေမှာ ရာသီဥတုက ပိုပူလာပြီး
ခြောက်သွေ့လာနိုင်ပါတယ်။ ဒါကြောင့်
သီးနှံများ စိုက်ပျိုးနိုင်အောင် မိုးရေ
လိုအပ်နေတဲ့ တောင်သူ လယ်သမား
တွေအတွက် ခက်ခဲနိုင်ပါတယ်။

တခါတရံ ပိုပြီးပြင်းထန်တဲ့ မုန်တိုင်းတွေ၊ ရေလွှမ်းမိုးမှုတွေ ရှိနိုင်ပါတယ်။ ဒါက ကြောက်စရာကောင်းပြီး အိမ်တွေ၊ ရွာတွေကို ပျက်စီးစေနိုင်ပါတယ်။

မြန်မာ့ ပင်လယ်ပြင်မှာလည်း ပူနွေး
လာနိုင်ပါတယ်။ ဒါကြောင့် ငါးတွေ
ရှိတဲ့ နေရာလည်း ပြောင်းလဲနိုင်ပါတယ်။

ကမ္ဘာကြီးကို အေးမြအောင် လူတိုင်းက
ကူညီပေးနိုင်ပါတယ်။ အခန်းထဲက
ထွက်လာတဲ့အခါ အခန်းမီးတွေကို
ပိတ်ခြင်းဖြင့် စွမ်းအင်ကို
ချွေတာနိုင်ပါတယ်။

ကားမောင်းမယ့်အစား
စက်ဘီးစီးလို့ ရပါတယ်။
ဒါမှမဟုတ် လမ်းလျှောက်လို့ရပါတယ်။

သစ်ပင်တွေက လေထုကို သန့်ရှင်း
ပေးတာကြောင့် သစ်ပင်တွေ
စိုက်ပျိုးခြင်းကလည်း ကမ္ဘာကြီးကို
အထောက်အကူပြုပါတယ်။

Glass
ဖန်ပုလင်း

Plastic
ပလပ်စတစ်

ကျွန်တော်တို့ သုံးနေတဲ့ ပစ္စည်းတိုင်းကို
ထုတ်လုပ်ဖို့ စွမ်းအင်လိုအပ်ပါတယ်။
ပြန်လည် အသုံးပြုခြင်းဖြင့် စွမ်းအင်ကို
ချေတာနိုင်ပါတယ်။

Paper
စက္ကူ
အမှိုက်မျိုး

Organic
Waste
ခြေ ပုပ်ချေဆင်ထွက်
အမှိုက်

၂၅

ကမ္ဘာကြီး ပူနွေးလာမှု အကြောင်း
ကျောင်းမှာရော အိမ်မှာပါ အသိပညာ
မျှဝေလို့ရပါတယ်။ စွမ်းအင် သုံးစွဲမှုကို
လျှော့ချနိုင်ပုံ၊ ပြန်လည် အသုံးပြုပုံနှင့်
ကမ္ဘာကြီး ပူနွေးလာမှုက အားလုံးကို ဘယ်လို
အကျိုးသက်ရောက်စေနိုင်ပုံကို သူငယ်ချင်း
တွေနဲ့ မိသားစုတွေကို ပြောပြပါ။

ကျွန်တော်တို့ ကမ္ဘာမြေကြီး လှပဖို့နဲ့ လုံခြုံစွာ
နေထိုင်နိုင်အောင် ပြုစုစောင့်ရှောက်ဖို့
အားလုံး အတူတကွ ပူးပေါင်း
ဆောင်ရွက်ကြပါစို့။

သင်၏ မိသားစုများ၊ မိတ်ဆွေများ၊ ဆရာများနှင့် ကျွိစာအုပ်အကြောင်း ဆွေးနွေးပြောဆိုရာ၌ အောက်ပါမေးခွန်းများကို အသုံးပြုနိုင်သည်။

"ကမ္ဘာကြီးပူနွေးလာမှု" ဆိုတာ ဘာလဲ။

ဘယ်အရာက ကမ္ဘာကြီးပူနွေးလာမှုကို ဖြစ်စေတာလဲ။

ကမ္ဘာကြီးပူနွေးလာမှုက မြန်မာနိုင်ငံကို အကျိုး သက်ရောက်နိုင်တဲ့ နည်းလမ်းသုံးခုကို ပြောပြပါ။

စွမ်းအင်သုံးစွဲမှုကို လျှော့ချဖို့ လုပ်ဆောင်နိုင်မယ့် အရာသုံးခုကို ပြောပါ။

ကမ္ဘာကြီးပူနွေးလာမှုအကြောင်း သင့် ဆရာ သို့မဟုတ် မိသားစုကို ပြောပြပါ။ အထောက်အကူပြုဖို့ သင်ဘာလုပ်နိုင်လဲ။ သင် အပင်တစ်ပင် စိုက်နိုင်လား။ အမှိုက်တချို့ကို သင်ပြန်အသုံးပြုအောင် လုပ်နိုင်လား။

ကျွန်ုပ်တို့၏ စာဖတ်သူအက်ပ်ကို ဒေါင်းလုဒ် ရယူလိုက်ပါ။

getlibraryforall.org

ပါဝင်ဆောင်ရွက်သူများအကြောင်း

Library For All သည် လူငယ်စာဖတ်သူများအတွက် ခြားနားသော၊ ဆီလျော်ပြီး အရည်အသွေးမြင့်သော ပုံပြင်ဇာတ်လမ်းများကို ဖန်တီးရန်အတွက် ကမ္ဘာ့ဘစ်ဝှမ်းမှ စာရေးဆရာများ၊ သရုပ်ဖော်သူများနှင့်အတူ ပူးပေါင်းဆောင်ရွက်ပါသည်။

စာရေးဆရာများ၏ အလုပ်ရုံဆွေးနွေးပွဲအစီအစဉ်များ၊ ပေးပို့မှုလမ်းညွှန်များနှင့် အခြားဖန်တီးမှုအခွင့်အလမ်းများအတွက် နောက်ဆုံးရသတင်းများ သိရှိနိုင်ရန် libraryforall.org သို့ ဝင်ရောက်ကြည့်ရှုနိုင်ပါသည်။

ဒီစာအုပ်က ဖတ်လို့ကောင်းလား။

ရွေးချယ်ဖတ်ရှုရန်အတွက် စနစ်တကျ ကောက်နုတ်စုစည်းထားသော မူရင်းပုံပြင် နောက်ထပ်ရာပေါင်းများစွာ ရှိပါသည်။

နေရာဒေသမရွေးရှိ ကလေးငယ်များ ပျော်ရွှင်ချမ်းမြေ့စွာ စာဖတ်နိုင်ရေးအတွက် စာရေးဆရာများ၊ ပညာသင်ကြားသူများ၊ ဓလေ့ထုံးစံအကြံပေးများ၊ အစိုးရများနှင့် ပရဟိတအဖွဲ့အစည်းများနှင့် ကျွန်ုပ်တို့ ပူးပေါင်းဆောင်ရွက်ပါသည်။

မိတ်ဆွေ သိပါသလား။

ကြွနယ်ပယ်တွင် ကမ္ဘာအနှံ့အကျိုးသက်ရောက်မှု ရှိစေရန်အတွက် ကုလသမဂ္ဂ၏ စဉ်ဆက်မပြတ် ဖွံ့ဖြိုးတိုးတက်ရေး ရည်မှန်းချက်ကို လက်ကိုင်ပြုပြီး ကျွန်ုပ်တို့ဖန်တီးဆောင်ရွက်ပါသည်။

library4all.org

သင်ဖတ်နေတဲ့စာအုပ်က အဆင့် ၄ ဖြစ်ပါတယ်။

သင်ယူသူ – အခြေခံ စာဖတ်သူ

စကားလုံးအတိုများ၊ ဖွံ့ဖြိုးစေမည့်အတွေးအခေါ်၊ ရုပ်ပုံအများအပြားနှင့်တကွ
သင်၏ စာဖတ်ခြင်းခရီးစဉ်ကို စတင်လိုက်ပါ။

အဆင့် ၁ – စတင်ဖွံ့ဖြိုးအဆင့် စာဖတ်သူများ

စကားလုံးအသစ်များ၊ ရိုးရှင်းသော ဝါကျများ၊ စိတ်ဝင်စားဖွယ်ကောင်းသော
ရုပ်ပုံများနှင့်အတူ သင်၏ စာဖတ်စွမ်းရည်အဆင့်ကို တိုးမြှင့်လိုက်ပါ။

အဆင့် ၂ – စိတ်ထက်သန်သော စာဖတ်သူများ

ရင်းနှီးသော စကားလုံးများဖြင့် တည်ဆောက်သော ဝါကျရှေများနှင့်အတူ
သင့်စာဖတ်ချိန်ကို ခံစားပျော်ရွှင်လိုက်ပါ။

အဆင့် ၃ – တိုးတက်လာသော စာဖတ်သူများ

ဉာဏ်မြူးဖွယ် ပုံပြင်များ၊ အနည်းငယ်ခက်ခဲသော ဝေါဟာရများနှင့်အတူ
သင်စာဖတ်စွမ်းရည်ကို တိုးမြှင့်လိုက်ပါ။

အဆင့် ၄ – သွက်လက်သော စာဖတ်သူများ

မြူးတူးဖွယ်ရာများ၊ စကားလုံးအသစ်များ၊ ပျော်ရွှင်ဖွယ် အကြောင်းချက်များနှင့်အတူ
သင့်စာဖတ်စွမ်းရည်ကို ထပ်မံတိုးမြှင့်လိုက်ပါ။

အဆင့် ၅ – မြင်သိချင်စိတ်ရှိလာသော စာဖတ်သူများ

သိပ္ပံနှင့် ပုံပြင်များမှတစ်ဆင့် သင့်ဝန်းကျင်ကို စူးစမ်းရှာဖွေလိုက်ပါ။

အဆင့် ၆ – စွန့်စားခန်းဖွင့် စာဖတ်သူများ

သိပ္ပံနှင့် ပုံပြင်များမှတစ်ဆင့် သင့်ဝန်းကျင်ကို ရှာဖွေစူးစမ်းလိုက်ပါ။

ကမ္ဘာကြီး ပူနွေးလာမှု – မြန်မာနိုင်ငံအပေါ် သက်ရောက်မှု

၂၀၂၄ ခုနှစ်တွင် ပုံနှိပ်ထုတ်ဝေသည်။

ထုတ်ဝေသူ – Library For All Ltd
အီးမေးလ် – info@libraryforall.org
URL – libraryforall.org

Save the Children

မူရင်းသရုပ်ဖော် အေးမြင့်မြတ်ခိုင်

ကမ္ဘာကြီး ပူနွေးလာမှု – မြန်မာနိုင်ငံအပေါ် သက်ရောက်မှု
အေးမြင့်မြတ်ခိုင်
ISBN: 978–1–923207–86–8
SKU04477

www.ingramcontent.com/pod-product-compliance
Lightning Source LLC
Chambersburg PA
CBHW042340040426
42448CB00019B/3354